MÉTHODE DE LECTURE

EN DIX LEÇONS,

ACCOMPAGNÉE DE DIX GRANDS TABLEAUX

ADAPTÉS

A LA MÉTHODE D'ENSEIGNEMENT MIXTE;

Par des Praticiens.

BESANÇON,

IMPRIMERIE ET LITHOGRAPHIE DE SAINTE-AGATHE L'AÎNÉ,
ÉDITEUR.

1838.

PREMIÈRE

1 2 3 4 5 6

Voyelles.

a e i

e é

Consonnes.

B C D F G H J K L M
b c d f g h j k l m

Alphabet.

A B C D E F G H I J K L M
a b c d e f g h i j k l m

LEÇON. 3

7 8 9 10 11 12

y o u

è ê

———

N P Q R S T V X Z
n p q r s t v x z

———

N O P Q R S T U V X Y Z
n o p q r s t u v x y z

banalité	carabine
habitude	javeline
nativité	parabole
témérité	validité
hilarité	caroline

béatitude, jovialité, kilogone, lupuline, méditative, nicodème, rivalité, solitude, tavelure, vidé, zibeline, bobine, cavité, garé, fédérative, galopiné, la dureté, une jérémiade, la similitude, le numéro, la colère, la vanité, la sévérité, la légalité, le zéro, une localité, sa fidélité, la validité, le dîné, la panade, le rôti, la salade, la famine, le café, la lune. honoré adorera la divinité. ma petite amie évitera la colère. zoé fera sa jérémiade. caroline a sali sa robe de buratine. jérôme

LEÇON. 5

do mi no	fi gu ré	ga lo pé
ka ra bé	la va bo	mé di té
ra re té	sa la de	to lé ré
vé ri té	ho no ré	jé rô me
dé pu té	fi dè le	pi vo té

a ti ré sa pe ti te ca ra bi ne. pa pa fu me ra sa pi pe. hé lè ne me di ra la vé ri té. la mo de se ra ri di cu le. ré my i ra à pa na ma. la za re a te nu sa pa ro le. ta pe ti te ca ba ne se ra dé mo li e. ma pe ti te ca ma ra de a go bé la pi lu le. nu ma me mè ne ra à dô le, de dô le à ni ni ve, de ni ni ve à ro me. le na vi re de va lè re se ra so- li de. lu lu se fe ra bo bo. ho- no ré i ra à la ca ve. pa pa bâ ti ra u ne ca ba ne à la pe ti te bê te de zo é. le dé pu té fe ra u ne té mé ri té. la ri va li té dé no te de la va ni té. ma mè re ha bi- te ra sa lo ca li té.

b r u ta li té	f r u ga li té
g r a ti tu de	p l é ni tu de
s t é ri li té	s t u pi di té
p l u ra li té	p l a ti tu de
c l a vi cu le	p r o xi mi té

blâ mâ ble, pro fa né, gri ve lé, cra va te, la plu ra li té, la briga de, la fle xi bi li té, je fla ne, le bi bli o ma ne, le pro blè me, cro to ne, flo ri de, la cru di té, u ne fré ga te, u ne spa tu le, le drô le, je spé cu le à gre no ble, je pré fè re la pro pre té, le tri po li, le mè tre, u ne pru ne, u ne brû lu re, le tra pè ze, la mé tro po le, u ne pe ti te fa ble, le sa ble brû lé, le li vre do ré, la bri de de la mu le, la cla vicu le, la pré ro ga ti ve du trô ne. je pré fè re sa gra vi té à ta fri vo li té. la tri vi a li té dé no te de la stu pi di té. vo tre li vre se ra a gré a ble à li re. mi mi

LEÇON.

cré do	blâ mé	dra pé
pri vé	bra vé	fri pé
bro dé	cré pi	prô né
bri dé	flû te	bra vo
brû lé	gra vé	gla né

dé gra de ra ma pe ti te fré ga te. bru no se ra bra ve. no tre blé se ra cri blé. ré né me prê te ra u ne plu me. le frê ne se ra sté ri le. vo tre frè re se li vre à la pro di ga li té. lu lu fe ra u ne drô le de spa tu le. ca ro li ne ra pe ra u ne li vre de su cre. vo tre frè re ti mo thé me pro cu re ra u ne cra va te bru ne. ta pro pre té se ra prô né e. ho no ré ré pri me ra la bru ta li té de vo tre pri ma. la pro me na de me se ra a gré a ble. vo tre bra va de mé ri te le blâ me. le cu ré de la mé tro po le fe ra le prô ne de la tri ni té.

ch	gn
ch a ri va ri	ma gn a ni me
ch e va li ne	ma gn i fi qu e
ch e vro ti ne	i gn o ré
ch u ch o té	i gn o ble
ch o pi né	é gr a ti gn é

chi mé ri que, de la qui ni ne, u ne bû che, de la vi gne, le phé no mè ne, je cra cho te, u ne fi gue, le si gne, la ro che, la di gni té, le pa na che, la fre lu che, de la vo gue, la ma li gni té, u ne cha pe, le fra que bro dé, le fré né ti que, le tro pi que, la chu te, le ri che se ra chi che, ma bi bli o thè que se ra pu bli que, la lâ che té se ra pu nie, je che mi ne, je tré bu che, le pha la ro pe, le pho que. ré né fa bri que ra de la bri que. ta cha ra de se ra chi mé ri que. u ne co qui ne de chè vre. ma tâ che me se ra

LEÇON.

ph f	gu g	qu q
ph a re	gu i ta re	qu a li té
ph ê ne	gu é ri te	qu ê te
ph y ma	gu è re	qu i vi ve
ph o la de	gù ê pe	qu o ti té
ph a lè ne	gu é ri	qu i va là

pé ni ble. je pê che à la gli ne.
u ne mé ta pho re ma gni fi que.
do mi ni que a la co que lu che.
le ri che cha ri ta ble se ra ché ri.
ré mi dé chi re ra la ro gnu re.
de ma bro chu re. le rè gne dé-
mo cra ti que de la bre ta gne.
a dè le a dé ta ché le pa na che.
le pè re do mi ni que pra ti-
que ra la cha ri té. ta mè re
cri ti que ra cha que cha pi tre
de ma pe ti te bro chu re. le
phé no mè ne de la lu mi è re
mé ri te u ne é tu de ré flé chie.
vo tre lé gu me me ré pu gne.
ma fré ga te a cha vi ré. u ne
che ve lu re bru ne.

ab ac ad al ar	as ec el er es
ab so lu	as pi ré
ac ti vé	ec di que
ad mi ré	el ne
al cô ve	er mi te
ar bo ré	es ti me

ab s or bé, ac t if, ad ju ré, al-
bi nos, ar ba lè te, as pé ri té,
el be, er se, es pa gne. vic tor,
v if, s ub t il, is ra é li te, oc-
to bre, pa ra s ol, a d op té, ur ba-
ni té, m os co vi te, c ap su le,
é r up ti ve, s ur ve n ir, ar b us te,
ab so lu t is te, t ac ti que, ad-
v er be, che v al, v ar lo pe,
as tro no me, ar chi t ec tu re,
ac tu el, h er cu le, p es te,
ar chi duc, c ar di nal, c as t or,
u ne her mi ne, le cap tif, le
li bé ral, le ca nif, u ne vir gu le,
ad jec tif dé ter mi na tif, ar ti cle
é li dé, le fer-à-che val, ù ne
ver tu ac ti ve, un a que duc

LEÇON.   11

ic if il ir is	oc ol op or os	ul up ur us
ic tè re	oc ta ve	ul ve
if ar bre	ol f ac t if	up s al
il lé g al	op ti que	ur ne
ir ri té	or bi te	ur su le
is ra ël	os té o co pe	us née

re mar qua ble, le cris tal de ro che, le mo nar que ac tif, le ver be pro no mi nal, le ca po ral dé gra dé, la per ver si té du si è cle, la per te de la gar ni tu re, le cal cul du pro blè me, la fe nê tre à bas cu le. sa ver tu se ra é pu rée. le gaz vi tal se ra ab sor bé. gus ta ve pa ti ne ra sur le ca nal. le ca rac tè re i nac tif de clo til de la fe ra ha ïr de sa mè re. le che val vif se ra ac tif. mar di vic tor fe ra par ve nir le bo cal. la co car de tri co lo re a été a doptée. luc fer me ra la por te de la ca ve.

am an em en	im in aim ain ein
am ba re	im bi bé
an go la	in cli né
em po ché	la f aim
en ch an té	de m ain
en s em ble	p ein tre

le m ain tien, le l oin t ain, cl andes t in, é t ain, c om b ien, a m an de, un cr am p on, un t am p on, im pl an té, in c ompé t en te, le f an fa r on, un r ien, la m ain, le te n on, un la p in, ma p en si on, le m ond ain, la vi an de, le p ain, du b on v in, un b on p an ta l on, un m an ch on, le re frain de la com plain te, un bon vi gne ron, la bon té de mon pro chain. diman che lé on por te ra son bon pan ta lon de nan kin. on chante ra ma chan son de main. le soin que ma man pren dra de la san té de mon fr ère en chan te ra

LEÇON.

ien oin	om on	um un
le t ien	om bre	um ble
le s oin	on d in	l un di
le m ien	t om be	h um ble
le f oin	on de	cha c un
le b ien	c om té	a l un

mon on cle. la guim bar de a é rein té un din don. co lom bin chan te ra bien son can ti que lun di ma tin. le vi o lon du fri-pon se ra ven du. on a fon du un ca non de bron ze à mâ con. fan fan de man de ra son pain de main. ro bin fe ra u ne plain-te à son on cle le pein tre. le my o pe re gar de en vain le loin tain. mon on cle ren ver se ra le mur de son jar din. le fri pon fe ra la con tre ban de de main ma tin. le pan tin chan te ra u ne chan son en la tin. je de man de cha que ma tin mon pain quo ti-dien. le chien de ton on cle.

au eau	eu eur œur œuf
au di ti ve	eu pa t oi re
eau ré ga le	la fu r eur
au to ri té	un b on c œur
eau se con de	un b on b œuf
au b ai ne	eu pho ni que

un moi n eau, le la b ou r eur, un vo l eur, le p ou v oir, le mi- r oir, u ne his t oi re, la p ei ne, u ne v ei ne, la mé m oi re, u ne mâ ch oi re, un c ou t eau, le f eu, un tom be r eau, u ne n eu v aine, u ne au b aine, le col p orteur, le t our n eur, le t rou p eau, la bour go gne, la lou ve, le veau, un tau reau de paim bœuf, la sou pe chau de, le mou choir. son bon cœur fera son bon heur. le sau mon se ra ser vi au sou- ve rain sur u ne sou cou pe avec de la mou tar de jau ne. je per- drai mon beau cou teau au châ- teau. le ré dac teur du jour nal

LEÇON.

ai ei	oi oir	ou our
ai me	le r oi	ou b li
p ei né	de v oir	our dir
ai dé	la l oi	ou tre
r ei ne	bon s oir	our lé
ai gre	sa v oir	m ou ché

se ra men teur. mon ba lai de sau le se ra fle xi ble. lé on fe ra paî tre son pou lain à cô té du mou lin. gus ta ve ou vri ra la bou che pour se plain dre. le mo ni teur a mal au cœur. le mou choir de ma sœur a é té re trou vé. mon cher a dol phe, a do re un dieu cré a teur, ad mi re la gran deur de son pou voir. le moi neau a é té la proie du vau tour sur la tour de ma cour. ton mou ton a é té trou vé bien mai gre. ré my sou hai te le bon soir à la com pa gnie. le rec teur se ra de re tour à u ne heu re. le roi ai me son peu ple.

ch k	t s
chro ni que	pu ni tion
chré meau	ré mi tion
chro ma te	mu ni tion
chry sa li de	po si tion
chrê me	in ven tion

un chro no mè tre, un gé o mè tre, un bon fro ma ge, u ne po si tion fa vo ra ble, le vi sa ge, u ne be sa ce, la mai son, u ne pro phé tie. jé rô me man ge ra u ne ce ri se rou ge. la di vi sion de ce gé né ral i ra à Be san çon. la pu ni tion in fli gée à an gé li que fe ra ma dé so la tion. ce mi sé ra ble ré gi ci de pren dra u ne mau vai se ré so lu tion en pri son. numa me résumera la leçon de géologie. le philosophe fera une perquisition. ce militaire a eu la lâcheté de déserter avec arme et bagage. mon ami a été décoré en afrique pour une action glorieuse.

LEÇON.

c s	g j	s z
ce ci	ju gé	vi sa
fa ce	for gé	mi se
li ce	na gé	vi sé
ra ce	gî te	ba se
ma çon	gi vre	be si

je présume que maman achètera de la crême douce pour mon goûté. ce jeune garçon sera méprisé à cause de sa vanité. mon cousin fera une invention pour guérir la cicatrice de ma cousine. la méditation fera ma consolation en prison. ce maçon ira à mâcon en condition. lucie composera une pièce de musique religieuse qui sera chantée en cadence par clémence. la religion console le pauvre. on ira en requisition par division. ce brave garçon a bien récité sa leçon. ce maçon me bâtira une maison. il mangera du pain de munition par punition.

ail aill	euil, l ueil, l
le por t ail	le fau t euil
ba t aill e	la f euill e
le tra v ail	ton or g ueil
la c aill e	je c ueille
le dé t ail	un cer c ueil

un camail, de la paille, une volaille, du travail, du cerfeuil, du feuillage, du feuilletage, un recueil, recueilli, une souillarde, la souillure, pareille, son pareil, la groseille, un carillon, de la vieille oseille, une veilleuse, du vermillon, une vétille, une grenouille, une chenille, un papillon, un tourbillon, un barbouilleur, un bon travailleur, une bouteille, une bataille, une béquille. mon tailleur habille à merveille. le soleil brille pour seconder le travail de la grande famille. le papillon voltige de feuille en feuille. la chenille ram-

LEÇON.

eil eill	ill ouill	uill
so l eil	t ill e	c uill ère
o r eill e	b ouill i	ai g uill e
ré v eil	qu ill e	c uill eron
a b eill e	h ouill e	é g uill ade
or t eil	t ill é	ai g uill on

pe sur la charmille. cendrillon a une bouteille de vanille pour sa famille. la mitraille a criblé un bataillon de tirailleurs. pour avoir un bon bouillon, il ne faut pas, ma fille, faire cuire le bouilli à gros bouillons. je préfère une caille à de la volaille. le barbouilleur a huilé mon fauteuil. le soleil trouvera le sage à son travail. ton orgueil te conduira au cercueil. mon filleul a rempli sa futaille de houille avec ma bouille. la canaille de marseille a pillé un magasin de semouille. le fer trouvé dans les fouilles est rongé par la rouille.

dd ff mm nn pp	ais ait est et-ai
ton a ddi tion	je chanterais
mon a ffec tion	il réformait
une co mmu ne	il est aimé
une ca no nna de	et chéri
un a ppren ti	à jamais

Additionner. Affectionner. Accomoder. Atterrer. Appétissante. Rendez cet ouvrage tout uni. Tu parlerais. Il s'informait. Il est arrivé. Ils chantent et vous pleurez. Les Enfants doivent s'entr'aimer. Ton image est belle. Attendrissez-vous sur le sort du Pauvre. Les hommes inaccessibles au vice s'affermissent dans la bonne voie. Mon Fils, que votre piété soit sincère, et que la vérité préside à toutes vos paroles. Un enfant officieux, complaisant et poli, est toujours aimé. Aimez le doux plaisir de faire des Heureux. Que votre cœur s'attendrisse sur le

LEÇON. 21

ent-e, er ez-é	j' l' m' n' s'	a e i o u h
ils aiment	j'aime	les amis
souhaiter	l'ami	nos élèves
vous rendez	m'oubli	un idiome
ils reçoivent	n'espère	un ouvrage
ils prennent	s'aimer	un homme

sort des Malheureux. Un cœur noble pardonne à tous ses Ennemis. Ne demandez à Dieu ni Grandeur ni Richesse, mais demandez-lui la Sagesse. Craignez un Dieu vengeur, c'est le premier pas qui mène à la Sagesse. Fuyez la compagnie des Enfants libertins, et recherchez celle des Enfants sages. Evitez le mensonge, parce qu'il déplaît à Dieu. Soyez humble et modeste au milieu des succès. Honorez vos Parents, surtout dans leur Vieillesse. Heureux l'homme qui évite tout ce qui peut ou souiller ou charger sa conscience.

OBSERVATIONS.

Seconder les maîtres, encourager les enfants, tel a été le but que nous nous sommes proposés en rédigeant notre méthode de lecture.

Pour réussir, nous avons essayé de suivre une marche simple, précise, bien graduée et surtout essentiellement pratique, ce qui nous a conduit à dégager notre essai d'une foule de combinaisons de syllabes et de sons dont la plupart des méthodes de lecture sont surchargées. Selon nous, aussitôt que l'enfant connaît les lettres, il commence à lire des mots et même de petits sens dégagés, à la vérité, de toutes difficultés, mais dont la lecture ne laisse pas de l'encourager beaucoup, en lui procurant le sentiment de ses progrès. Ce premier pas fait, nous présentons les difficultés une à une, pour ainsi dire, afin que l'élève les surmonte plus facilement.

Avec la prononciation suivante : { b, c, d, f, g, be, k, de, fe, gue, h, j, k, l, m, n, p, q, r, s, t, v, x, z. ache, je, ke, le, me, ne, pe, que, re, se, te, ve, xe, ze.

10 leçons nous suffisent pour familiariser les enfants avec les difficultés dont la connaissance est indispensable.

Dans notre *première leçon*, nous présentons d'abord l'étude des voyelles, parce qu'elle nous semble plus simple et plus naturelle que celle des consonnes; en effet, les voyelles sont simples dans la forme, et pour les prononcer, il suffit d'ouvrir la bouche, d'expirer en modifiant, par les organes de la voix, le son que l'on produit. Nous passons ensuite à l'étude des consonnes, desquelles nous avons donné la prononciation plus haut. Nous terminons cet exercice par la réunion de toutes les lettres disposées dans l'ordre alphabétique : les majuscules ne sont en regard des minuscules que pour familiariser les enfants avec ces lettres, qui pourront n'être apprises que plus tard.

La *deuxième leçon* ne renferme, comme nous l'avons dit, que des mots sans difficulté; il suffit d'exprimer successivement les lettres de chacun de ces mots pour en avoir le son et le sens : c'est ainsi que le mot *ba na li té* se lira *be a ne a le i te é*. Nous nommons ce procédé *lecture par lettre;* il a l'avantage de familiariser de plus en plus les enfants avec les lettres. Il n'est pas nécessaire d'attendre que les enfants connaissent imperturbablement toutes les lettres pour passer de la première leçon à la seconde, cette espèce de concession est toujours d'un très-bon effet. Une fois les élèves bien exercés d'après ce premier procédé, nous passons au second, qui consiste à lire par syllabe, en ne prononçant des consonnes que les articulations, sans aucune répétition de syllabes. Pour l'intelligence de ce procédé, il est utile de dire que nous distinguons dans la consonne, l'articulation et le son : l'articulation n'est autre chose que le mouvement des organes de la voix, et le son est toujours l'e muet.

Soit à articuler la consonne labiale f : pour le faire, il suffit d'expirer en contractant les lèvres comme pour souffler une chandelle; pour avoir la prononciation de cette lettre, on ajoute l'e muet. Pour articuler le x, consonne dentale, il n'est besoin que de serrer les dents, d'expirer vigoureusement, comme si l'on voulait exciter un chien ; pour en avoir la prononciation, il suffit d'ajouter l'e muet à cette articulation ; c'est ainsi qu'au lieu de lire be a ne a li te é, on lira ba na li té (1).

La *troisième leçon* ne diffère de la seconde qu'en ce qu'elle contient des mots qui ont des syllabes de trois lettres, ce n'est que pour ces syllabes que l'on doit faire usage, dans cette leçon, du premier procédé de lecture, les syllabes à deux lettres doivent se lire d'après le deuxième procédé : ainsi le mot *bra vé* se lira be re a vé.

Cette leçon, ainsi que la 2ᵉ. et toutes celles qui suivent, renferme trois séries de mots ; la 1ʳᵉ. série ne contient que des mots dont une partie rangés en colonnes sont destinés à présenter les difficultés. Les difficultés réelles ne commencent qu'à la 4ᵉ. leçon ; aussi c'est dans cette leçon qu'on a commencé à les exposer d'abord à l'enfant, avant de lui présenter les mots qui les renferment ; la 2ᵉ. série renferme des substantifs accompagnés d'articles ou d'adjectifs : enfin la 3ᵉ. série est formée de petits sens, qui, sans doute, laissent bien à désirer à cause du peu de latitude qu'on avait en les formant, puisqu'ils ne devaient renfermer aucune des difficultés à voir, mais reproduire celles qui ont été vues jusqu'alors.

La *quatrième leçon* est consacrée à familiariser les enfants avec les consonnes composées dans la forme, mais simples dans la prononciation. Ces consonnes sont : ph, gu, qu, ch, gn.

Dans la 5ᵉ. *leçon*, on ne fait pas usage de la lecture par lettre, on syllabe, et on exerce les enfants à bien articuler les consonnes finales; ainsi dans le mot ab so lu, on ne doit pas dire : a be se o le u, mais ab so lu.

La 6ᵉ. *leçon* est sur les voyelles nasales, simples dans le son, quoique composées dans la forme. On ne doit pas dire dans le mot en ch an té, e ne che a ne te é, mais en chan té.

La 7ᵉ. *leçon* est sur les voyelles composées dans la forme, mais simples dans le son, et pour l'étude desquelles on procède comme pour les voyelles nasales.

La 8ᵉ. *leçon* présente à l'enfant le double emploi de certaines lettres, comme du c en s, du s en z, du t en s, etc.

Le maître fera remarquer à ses élèves les cas où ces changements ont lieu, et les règles qui les déterminent ; par exemple, que le c se prononce s devant un e et un i, etc.

La 9ᵉ. *leçon* est une étude de l'usage des l mouillés dont les mots en colonnes indiquent la prononciation.

---

(1) L'*h* et l'*e* muet ne se prononcent pas dans le premier procédé.

La 10⁰. *leçon* renferme non-seulement toutes les difficultés des leçons précédentes, mais encore celles qui n'ont pas pu y être insérées, comme les consonnes doubles, les liaisons, les élisions, les majuscules, etc.

Pour faciliter l'usage de nos leçons dans les écoles nombreuses, nous les avons reproduites en tableaux imprimés en gros caractères. Chacun de ces tableaux est surmonté des douze premiers nombres, qui servent à désigner l'enfant qui doit lire ou compter.

Lorsque les enfants connaissent les dix caractères de l'arithmétique, il est facile de les initier, par le moyen des chiffres placés au haut des tableaux, à la formation des nombres, à l'addition, à la soustraction, à la multiplication, à la division et par suite à la solution d'une foule de petits problèmes très-propres au développement de leur intelligence.

Le maître fera d'abord comprendre aux enfants ce que c'est que l'unité, ensuite il leur dira que l'unité ajoutée à elle-même produit le nombre deux, que l'unité ajoutée à deux, forme le nombre trois etc., chacune de ces combinaisons devra être indiquée sur le tableau en même temps qu'elle sera énoncée : il devra en être ainsi de toutes les opérations.

Pour apprendre l'addition aux élèves, le maître commencera par les exercer à faire la somme des nombres pairs, en les indiquant sur le tableau : Ex. $4+6=10$, $2+4=6$, $8+4=12$ etc. ; puis la somme des nombres impairs : Ex. $3+5=8$, $7+5=12$, $5+3=8$ etc. ; et il en viendra aux petits problèmes sur l'addition : Ex. Léon a 6 ans, quel âge aurait-il s'il avait 4 ans, 6 ans, 8 ans de plus. Charles a mangé 2 pommes ; Adolphe 3, Théodore 5, combien les trois ensemble en ont-ils mangé. Ces problèmes devront d'abord se résoudre numériquement, puis mentalement : le maître devra s'opposer à ce que les enfants se servent de leurs doigts, lorsqu'il s'agira d'une solution mentale.

Pour en venir à la soustraction, le maître commencera par faire retrancher l'unité de chaque nombre indiqué sur le tableau, ensuite il fera soustraire les nombres pairs les uns des autres, et il en viendra aux nombres impairs, puis aux petits problèmes ; il demandera l'âge d'un élève et ensuite quel âge il aurait s'il avait 2, 4, 6 ans de moins, puis 3, 5, 7 ans de moins, etc. Pour la solution numérique de ces dernières questions, l'enfant n'aura besoin que de rétrograder, à partir du nombre énoncé, d'autant de chiffres qu'il y a d'unités dans le nombre à soustraire : Ex. Léon a 10 ans, quel âge aurait-il s'il avait 4 ans de moins. Pour résoudre ce petit problème, je fais compter 4 chiffres à partir de 10, ce qui me donne 6 ans pour l'âge de Léon.

$$4\ 3\ 2\ 1$$
$$1,\ 2,\ 3,\ 4,\ 5,\ 6,\ 7,\ 8,\ 9,\ 10.$$

C'est ainsi qu'un maître intelligent exerce le jugement des plus petits enfants par le moyen des quatre opérations fondamentales de l'arithmétique.

www.ingramcontent.com/pod-product-compliance
Lightning Source LLC
Chambersburg PA
CBHW060859050426
42453CB00011B/2037